ANALIZA KSIĄŻKI

AF155808

Hrabia
Monte Christo

· · · · · · · · · · · · · · · ·

ALEXANDRE DUMAS

ANALIZA KSIĄŻKI

Napisany przez Flore Beaugendre
Przetłumaczony przez Kâmil Kowalski

Hrabia
Monte Christo

. . . .

ALEXANDRE DUMAS

ALEXANDRE DUMAS

PISARZ FRANCUSKI

- **Urodzony w Villers-Cotterêts w 1802 r.**

- **Zmarł w Puys w 1870 r.**

- **Godne uwagi prace:**

  - *Pauline* (1838), powieść

  - *Trzej muszkieterowie* (1844), powieść

  - *Hrabia Monte Christo* (1844-1845), powieść

Alexandre Dumas (1802-1870), znany również jako Alexandre Dumas *père, aby* odróżnić go od jego syna, był francuskim pisarzem, bliskim ruchowi romantycznemu. Syn generała o afro-karaibskich korzeniach, od najmłodszych lat pracował, zanim zaczął pisać. Szybko spotkał się z uznaniem dzięki swoim wodewilom i sztukom historycznym. Napisał imponującą ilość dzieł, wśród których znalazły się *Henryk III i jego dwory* (1829) oraz *Kean* (1836). Jednak trwałą sławę zawdzięcza serii fresków historycznych, a mianowicie trylogii *Trzej muszkieterowie* z 1844 roku i *Hrabiemu Monte Christo* z tego samego roku.

HRABIA MONTE CHRISTO

ŚWIADEK HISTORII I SATYRA NA SPOŁECZEŃSTWO

- **Gatunek:** powieść

- **Wydanie referencyjne:** Dumas, A. (2010) *Le Comte de Monte-Cristo*. Paris: Gallimard.

- **Pierwsze wydanie:** 1845

- **Tematy:** więzienie, ucieczka, zemsta, niesprawiedliwość

Alexandre Dumas napisał *Hrabiego Monte Christo* we współpracy z Auguste Maquet. Ukończona w 1844 roku, powieść została najpierw opublikowana w odcinkach, a następnie wydana w tomach w latach 1844-1846. Zainspirowana prawdziwymi wydarzeniami, opowiada historię Edmonda Dantèsa, młodego człowieka, dla którego życie jest przyjemne do czasu, gdy zostaje niesprawiedliwie oskarżony o bonapartyzm i wysłany do więzienia na czternaście lat. Po ucieczce i wzbogaceniu się postanawia zemścić się na wszystkich, którzy byli odpowiedzialni za jego nieszczęścia.

Hrabia Monte Christo to wielkie dzieło literatury francuskiej i światowej, które było przedmiotem wielu adaptacji w różnych dziedzinach artystycznych na całym świecie.

PODSUMOWANIE

ROZDZIAŁY 1-5

Faraon przybywa do Marsylii po postoju na wyspie Elba, gdzie zmarły kapitan poprosił swojego zastępcę, Edmonda Dantèsa, o przyniesienie listu do Paryża. Właściciel statku, pan Morrel, czyni Dantèsa nowym kapitanem. Danglars, kierownik księgowości, jest zazdrosny.

Edmond biegnie odnaleźć swoją narzeczoną Mercédès, którą znajduje w towarzystwie Fernanda Mondego. Ten ostatni jest zakochany w młodej kobiecie, ale ona kocha Edmonda. Fernand jest wściekły i kiedy krzyżuje drogi z Caderousse i Danglarsem, Danglars popycha go do zadenuncjowania Edmonda za bonapartyzm (bycie zwolennikiem Napoléona Bonaparte, cesarza Francji, 1769-1821). Dantès zostaje aresztowany.

ROZDZIAŁY 6-13

Zastępca prokuratora koronnego, Villefort, ma właśnie uwolnić młodzieńca, gdy znajduje list, który Edmond miał przywieźć do Paryża: jest on zaadresowany do pana Noirtier, ojca Villeforta, który jest bonapartystą. Przerażony potencjalnymi konsekwencjami tego listu dla swojego nazwiska i kariery, Villefort wysyła Dantèsa do więzienia w Château d'If. Ujawnia też treść listu królowi Ludwikowi XVIII (1755-1824), ale dociera do niego za późno: Napoleon wkracza do Paryża i przejmuje władzę.

ROZDZIAŁY 14-20

Edmond Dantès patrzy, jak mijają lata, bez żadnej perspektywy procesu. Pewnego dnia mężczyzna z sąsiedniej celi, umierający Abbé Faria, opowiada mu o istnieniu skarbu ukrytego na wyspie Monte Christo, który odziedziczył, a który z kolei pozostawia młodzieńcowi. Gdy Faria umiera, Dantès zajmuje miejsce jego ciała w całunie. Zostaje wrzucony do morza, czternaście lat po pierwszym uwięzieniu.

ROZDZIAŁY 21-25

Dantès płynie na bezludną wyspę, potem udaje mu się dołączyć do statku. Czeka na okazję, by dotrzeć na wyspę Monte Christo i odnaleźć ogromny skarb opata Farii. Następnie próbuje dowiedzieć się o swoim ojcu i narzeczonej. Dowiaduje się, że ojciec nie żyje, a narzeczona odeszła.

ROZDZIAŁY 26-30

W przebraniu włoskiego księdza o nazwisku Abbé Busoni, Dantès udaje się do Caderousse'a. Udając wykonawcę testamentu Dantèsa, wyjaśnia, że młodzieniec chciał podzielić diament między pięć osób, które najbardziej kocha: ojca, Mercédès, Danglarsa, Fernanda i samego Caderousse'a. Następnie Caderousse potępia postępowanie Danglarsa i Fernanda oraz ujawnia, że Mercédès wyszła za Fernanda. Wspomina też o życzliwości pana Morrela i jego problemach finansowych. Anonimowo Dantès daje panu Morrelowi tyle, by spłacić jego długi, ratując go w ten sposób przed bankructwem i samobójstwem.

ROZDZIAŁY 31-38

Dziesięć lat później młody baron Franz d'Épinay spotyka w Marsylii syna Fernanda Mondego, wicehrabiego Alberta de Morcerf. Nawiązują znajomość z tajemniczym i niezwykle bogatym hrabią Monte Christo. Ten bierze obu młodzieńców pod swoje skrzydła i pomaga Albertowi uciec z porwania. W zamian za to Monte Christo prosi młodego Morcerfa o wprowadzenie go do paryskich wyższych sfer.

ROZDZIAŁY 39-45

Monte Christo zostaje przyjęty u Morcerfów, gdzie po raz kolejny spotyka syna pana Morrela, Maximiliena, który mu się podoba. Albert przedstawia hrabiego swoim rodzicom: Fernand nie poznaje go, w przeciwieństwie do Mercédès, która jest przerażona.

Monte Cristo kupuje w Auteuil dom, który należał kiedyś do teściowej Villeforta. Jego nadzorca, Bertuccio, wyjaśnia, że pewnego dnia odkrył kokardę, którą Villefort właśnie zakopał w ogrodzie: było w niej dziecko. Ponieważ nie było jeszcze martwe, nadzorca uratował je i wychował pod imieniem Benedetto. Dziecko jednak źle się rozwijało. Bertuccio wyznaje też, że widział, jak Caderousse zamordował jubilera, któremu właśnie sprzedał diament podarowany przez Abbé Busoniego.

ROZDZIAŁY 46-52

Monte Christo udaje się do banku Danglarsa i prosi o otwarcie nieograniczonego kredytu. Za pomocą sztuczek zbliża się do rodziny Villefortów i ratuje ich syna: Villefort przychodzi mu podziękować.

Maximilien Morrel jest potajemnie zakochany w córce Villeforta, Valentine, która z kolei jest obiecana Franciszkowi d'Épinay.

ROZDZIAŁY 53-61

Haydée, młoda kobieta, która wszędzie towarzyszy Monte Christo, rozpoznaje Fernanda de Morcerf jako człowieka, który zdradził jej ojca, Ali Pashę, i sprzedał ją w niewolę.

Podczas gdy młody Albert de Morcerf niechętnie żeni się z córką Danglarów, Valentine de Villefort i Maximilien są w wielkim kłopocie: narzeczony, Franz d'Épinay, zapowiada swój powrót. Sparaliżowany dziadek Valentine, Noirtier, obiecuje, że zrobi wszystko, by zapobiec temu małżeństwu.

Monte Christo wykonuje swój ruch, aby Danglars stracił milion.

ROZDZIAŁY 62-65

Monte Christo wydaje przyjęcie w swoim domu w Auteuil. Bertuccio rozpoznaje panią Danglars jako byłą kochankę Villeforta, a więc matkę Benedetto, który również jest tam pod przebraniem włoskiego księcia Cavalcantiego. Monte Christo opowiada swoim gościom, pod przykrywką baśni, prawdziwą historię kochanków i dziecka. Pani Danglars i Villefort są zdenerwowani.

ROZDZIAŁY 66-75

Podczas balu Mercédès i Monte Christo rozmawiają, nie poruszając otwarcie tematu przeszłości.

Maximilien prosi Valentine, by z nim uciekła, ale babka, Madame de Saint-Méran, umiera i Valentine rezygnuje z ich projektu. Lekarz domyśla się, że staruszka została otruta. Franz d'Épinay właśnie podpisał kontrakt małżeński, ale Noirtier uniemożliwia ślub, ujawniając, że to on zabił ojca Franza.

ROZDZIAŁY 76-83

Haydée wyjaśnia, jak jej ojciec, Ali Pasha, grecki naczelnik państwa Janina, został zdradzony przez swojego prawego człowieka, francuskiego żołnierza, który sprzedał go Turkom i wymordował jej rodzinę. Haydée jako jedyna uciekła, tylko po to, by zostać sprzedaną w niewolę, a następnie kupioną przez Monte Christo. Następnego dnia artykuł opowiadający o zdradzie jednoznacznie wymienia Fernanda de Morcerf jako sprawcę.

Po kolejnej próbie otrucia, której celem jest Noirtier, lekarz podejrzewa Valentine o bycie sprawcą.

Caderousse i Benedetto zawierają sojusz, aby włamać się do domu Monte Christo, lecz Monte Christo, w przebraniu Abbé Busoni, przechwytuje Caderousse. Pozwala mu uciec, wiedząc doskonale, że Benedetto go zabije. Gdy leży umierający, Monte Cristo wyjawia mu swoją prawdziwą tożsamość.

ROZDZIAŁY 84-92

Zostaje wszczęte śledztwo w sprawie działań Fernanda de Morcerf, podczas którego Haydée staje jako świadek: Morcerf zostaje uznany za winnego. Albert przysięga zabić człowieka odpowiedzialnego za te rewelacje i wyzywa hrabiego na pojedynek. Mercédès odwiedza Monte Christo: wyjaśnia, jak Fernand go zadenuncjował, wiele lat wcześniej. Mercédès wyraża swoją niezłomną miłość do Edmonda Dantèsa, błagając go, by oszczędził jej syna. Monte Christo obiecuje, że zamiast tego pozwoli mu go zabić. Jednak Albert przychodzi prosić o przebaczenie: Mercédès powiedziała mu wszystko. Postanawia opuścić Paryż wraz z matką. Hrabia daje pieniądze swojej byłej narzeczonej, które ona bierze tylko po to, by móc pójść do klasztoru. Monte Christo uświadamia sobie, że kocha Haydée, w ten sam sposób, w jaki kiedyś kochał Mercédès. Fernand żąda wyjaśnień: hrabia zdradza mu swoją prawdziwą tożsamość. Fernand ucieka, sterroryzowany, i popełnia samobójstwo.

ROZDZIAŁY 93-103

Valentine skarży się, że czuje się słabo i zapada. Maximilien biegnie do Monte Christo, który zgadza się mu pomóc, gdy słyszy o ich miłości. Lekarz potwierdza, że młoda kobieta została otruta.

Danglars zmusza swoją córkę Eugénie do poślubienia Caval-cantiego, ponieważ, będąc na skraju bankructwa, potrzebuje jej do wżenienia się w fortunę. W dniu ślubu Monte Christo grozi, że powie prawdę o Cavalcantim/Benedetto i ten ostatni ucieka. Eugénie ucieka do Belgii, by uwolnić się od męskiej dominacji. Benedetto zostaje aresztowany.

Valentine, bardzo chora, zostaje uratowana przez Hrablego. Rozumie, że to jej teściowa próbuje ją zabić: Monte Christo wyjaśnia, że chce ona dostać w swoje ręce spadek dla jej syna, Édouarda. Prosi młodą kobietę o połknięcie pigułki. Następnego dnia pojawia się ona martwa.

ROZDZIAŁY 104-113

Monte Christo bierze od Danglarsa jeszcze pięć milionów, uniemożliwiając mu spłatę własnych długów. Bankier ucieka.

Monte Christo wyjawia Maksymilianowi, że jest Edmondem Dantèsem i zmusza zrozpaczonego śmiercią ukochanej młodzieńca do obietnicy, że nie będzie próbował zakończyć swoich dni przed upływem miesiąca.

Villefort mówi żonie, że wie, iż to ona jest mordercą i prosi ją o popełnienie samobójstwa. Na swoim procesie Benedetto ujawnia historię swoich narodzin. Villefort, zdruzgotany, rozpoznaje fakty. Po powrocie do domu odkrywa, że jego żona popełniła samobójstwo zgodnie z jego prośbą, ale zabiła również ich syna Édouarda. Abp Busoni mówi mu, że jest Edmondem Dantèsem. Villefort pokazuje mu ciała i pyta, czy jego zemsta jest dokonana: hrabia po raz pierwszy ma wątpliwości co do słuszności swoich działań. Opuszcza Paryż.

ROZDZIAŁY 114-117

We Włoszech Danglars spodziewa się, że znów zarobi pięć milionów franków, ale zostaje schwytany przez bandytę, który wykonuje czyjeś polecenia. Wymaga gigantycznych sum, by go wyżywić: Danglars jest niemal zrujnowany. Głos pyta go, czy żałuje swoich czynów, a bankier przysięga, że tak. Monte Cristo wyjawia, że jest Edmondem Dantèsem, po czym pozwala mu odejść.

Maximilien, wciąż pragnąc umrzeć za Valentine, ponownie spotyka się z hrabią. Pojawia się młoda kobieta, która wreszcie wychodzi z długiej śpiączki. Monte Christo poddaje Haydée próbie i okazuje się, że jej miłość jest bezinteresowna: hrabia jest wreszcie szczęśliwy. Zostawia Maximilienowi cały swój francuski majątek.

STUDIUM POSTACI

EDMOND DANTÈS, CZYLI HRABIA MONTE CHRISTO

Na początku powieści Edmond Dantès to "młody mężczyzna w wieku 18-20 lat, wysoki, szczupły, o przystojnych czarnych oczach i hebanowych włosach" (s. 4). Jest postacią w pełni pozytywną: życzliwy i inteligentny, szanuje tradycyjne wartości i wszystko zdaje się mu układać. Jego dobroć sprawia, że doceniają go nawet ci, którzy zazdroszczą mu szczęścia. Jego naiwność jest taka, że zbliża się do karykatury.

Postać, która wychodzi z więzienia nie mogłaby być bardziej różna od młodego Edmonda Dantèsa. Świadczy o tym jego symboliczna zmiana tożsamości i wyglądu. Ze względu na zdradę i niesprawiedliwość, której padł ofiarą, wciąż na nowo przeżywa haniebne uczucia; jego relacja z Abbé Farią stanowi ostatnie ogniwo, które wiąże go z powrotem do człowieczeństwa, a w chwili jego śmierci nie waha się, mimo smutku, go wykorzystać. Hrabia Monte Christo jest więc całkowicie zdominowany przez pragnienie zemsty i pozostawia za sobą, wraz ze swoim dawnym nazwiskiem, wszystko, co czyniło go człowiekiem, którym był przed trafieniem do więzienia. W jego oczach świat dzieli się teraz na dwie kategorie ludzi: tych, którzy go zdradzili, i tych, którzy go wspierali. Dlatego jest archetypem mszczącego się bohatera w literaturze. Jego manichejską wizję istnienia zdaje się rozwiewać dopiero ponowne odnalezienie utraconej miłości, w osobie Haydée.

MERCÉDÈS

Mercédès na początku powieści jest młodą 17-letnią katalońską dziewczyną. Osierocona, żyje w biedzie, ale jest strasznie dumna i jest bardzo piękna. Jej egzystencją kieruje miłość do Edmonda Dantèsa. Jest jedną z ofiar, którą najbardziej boli intryga Dantèsa: wierząc, że on nie żyje, godzi się na życie, którego nie lubi, wychodząc za Fernanda Mondego. Następnie zżerają ją wyrzuty sumienia i nostalgia. W oczach Dantèsa jej rezygnacja i bierność są zdradą, którą chce ukarać, jednocześnie wciąż ją kochając.

Mercédès wykazuje jednak odwagę, najpierw stawiając czoła hrabiemu Monte Christo, a następnie wyrzekając się męża i jego bogactw, gdy dowiaduje się o prawdziwej roli Fernanda w uwięzieniu Dantèsa. Zostaje wtedy z niczym, poza miłością do Alberta. Jej ostateczne cierpienia i zubożenie czynią ją jedną z najsurowiej ukaranych postaci w powieści, podczas gdy jej winą była jedynie rozpacz i rezygnacja.

FERNAND MONDEGO

Na początku powieści Fernand Mondego jest zdominowany przez miłość do swojej kuzynki, Mercédès. Upokorzony odmowami młodej kobiety i niezwykle zazdrosny o jej namiętną miłość do Edmonda Dantèsa, pozwala Danglarsowi manipulować nim, gdyż ten popycha go do zdrady młodego kapitana. Gdy jego rywal zostaje tchórzliwie wyeliminowany, Fernand udaje, że pociesza pogrążoną w żałobie narzeczoną i udaje mu się zdobyć to, czego chce. Po zdobyciu Mercédès, Mondego ponownie używa zdrady, aby się wzbogacić: rzeczywiście, zdradza Ali Pashę i jego rodzinę w straszny sposób, co pozwala mu stać się potężnym i zdobyć tytuł hrabiego Morcerf. Fernand de Morcerf reprezentuje potęgę siły zbrojnej.

VILLEFORT

Na początku powieści Gérard de Villefort jest zastępcą prokuratora koronnego. Opisany jest jako 27-letni mężczyzna, otwarty i atrakcyjny: "ze swoimi niebieskimi oczami, ciemniejszą karnacją i czarnymi bokobrodami, które obramowywały jego twarz, był naprawdę eleganckim dżentelmenem" (s. 61). Ta ładna sylwetka kryje jednak postać oportunistyczną i ambitną: mimo bonapartystycznego zaangażowania ojca, dzięki rojalistycznym przyjaciołom udało mu się osiągnąć ważną funkcję prawniczą. Dlatego dla ochrony swojej kariery gotów jest zrobić wszystko: zdradzić przekonania ojca lub posłać niewinnego do więzienia na całe życie. Jawi się jako człowiek nieugięty, kierujący się strategią i rozsądkiem: "Żenił się z młodą i piękną kobietą, którą kochał, nie namiętnie, ale z rozsądkiem, tak jak może kochać zastępca prokuratora koronnego" (s. 63). Kiedy Monte Christo odnajduje go ponownie, jest bardziej ambitny niż kiedykolwiek. Postać Villeforta uosabia siłę sprawiedliwości.

DANGLARS

Na początku powieści Danglars jest 26-letnim mężczyzną. Zazdrosny o Dantèsa, jest osobą chciwą i bezlitosną. Jako księgowy na pokładzie *"Faraona" dba* tylko o bogactwo i nie waha się poświęcić młodego Dantèsa, aby osiągnąć swoją funkcję kapitana. Udaje mu się wspiąć po szczeblach władzy i po zostaniu baronem zajmuje ważne miejsce jako bankier. Kiedy znajduje się na skraju bankructwa, natychmiast poświęca swoją córkę Eugénie, którą dosłownie sprzedaje samozwańczemu księciu Cavalcanti, aby uratować swoją fortunę. Całą jego egzystencją i wszystkimi działaniami rządzi wyłącznie chciwość: nawet w obliczu głodu nie wyobraża sobie rozstania z pieniędzmi. Baron Danglars reprezentuje siłę pieniądza.

ANALIZA

POWIEŚĆ HISTORYCZNA

Z *Hrabią Monte Christo*, Dumas rozpoczął w prawdziwym fresku historycznym. Fabuła, fikcyjna, jest rzeczywiście spleciona z głównymi wydarzeniami XIX wieku: element destrukcyjny powieści jest bezpośrednio związany z politycznym kontekstem czasu.

Historia rozpoczyna się w 1814 roku: po piętnastu latach panowania jako cesarz Francji Napoleon Bonaparte został pozbawiony swoich funkcji i zmuszony do wygnania na wyspę Elbę. Władzę przejął król Ludwik XVIII. To właśnie w tym momencie młody Dantès wykonuje polecenie zmarłego kapitana *Faraona* i inscenizuje, nie wiedząc o tym, swój upadek z łaski. W tym czasie we Francji atmosfera była ciężka od rywalizacji między bonapartystami i rojalistami: ludzie, którzy żałowali Imperium, byli tropieni i uważani za zagrożenie dla władzy królewskiej. Wizyta Edmonda na terytorium wroga staje się więc początkiem represji, których pada ofiarą, gdyż zostaje oskarżony o spiskowanie powrotu Napoleona. List, który miał zawieźć do Paryża, zapowiadał ten przewrót: Napoleon w marcu 1815 roku wmaszerował do Paryża i przejął władzę. Rozpoczęło to okres Stu Dni – któremu Dumas poświęcił jeden rozdział – zakończony powrotem do monarchii. Czytelnicy są więc zanurzeni w historii. Otrzymują ogólny pogląd na różne wydarzenia geopolityczne tamtych czasów:

rozwijający się handel morski, wojny na Wschodzie, francuski kontekst polityczny itd.

Choć dzieło to jest fikcyjne, sama fabuła została zainspirowana prawdziwą historią: Losy Edmonda biorą swój początek w historii Pierre'a Picauda, młodego człowieka niesłusznie oskarżonego o szpiegostwo przez trzech swoich przyjaciół, w czasie gdy miał poślubić swoją narzeczoną. Gdy wyszedł z więzienia, wpadł w ręce skarbu i wrócił, by zemścić się na tych, którzy go zdradzili. Droga hrabiego Monte Christo jest wyraźnie skopiowana z drogi tego człowieka, którego historia była znana czytelnikom w momencie wydania powieści.

Fakt, że historia była zakorzeniona w faktach historycznych, a także paralela między bohaterem a ofiarą wiadomości, nadały dziełu realistyczny blask, choć jest to oczywiście dzieło fikcyjne, w którym od czasu do czasu można dostrzec nutę nadprzyrodzoności. W istocie, dla Dumasa, historia jest niczym innym jak "gwoździem, na którym [on] wiesza [swoje] powieści".

SPRAWIEDLIWOŚĆ I JEJ GRANICE

Hrabia Monte Christo to szczegółowy obraz niedoskonałości ludzkiej sprawiedliwości, "postać o mrocznym obliczu" (s. 67). Intryga, której ofiarą pada Edmond, jest w istocie podwójnie niesprawiedliwa: jest on nie tylko ofiarą fałszywego donosu, ale także arbitralnego wyroku. Życie tej postaci jest nieustannie poświęcane przez innych w imię ich osobistych interesów. Dumas proponuje prawdziwą satyrę ówczesnego systemu sądowniczego, czego dowodem są myśli, które wkłada do głowy Danglarsa: "Powinniśmy się martwić o sprawiedliwość zwalniającą Dantèsa? Och, ale – dodał z uśmiechem – sprawiedliwość to sprawiedliwość, a ja mam w nią wszelką wiarę" (s. 52). W powieści szybko okazuje się, że Dantès nie może liczyć na to, że francuski wymiar sprawiedliwości przywróci prawdę. Staje się również jasne, że nie ma boskiej sprawiedliwości: rzeczywiście, Caderousse podkreśla, że źli ludzie zostali nagrodzeni, a dobrzy ukarani.

W obliczu tej podwójnej porażki Dantès postanawia wziąć sprawiedliwość w swoje ręce. Czyniąc to, przyjmuje rolę Boga, decydując o losie swoich bliźnich. Planuje nagrodzić ludzi, którzy pomogli i tych, którzy zostali skrzywdzeni, jak pan Morrel, oraz ukarać swoich oprawców, czyli Fernanda, Danglarsa i Villeforta. Mercédès jest w jego oczach przypadkiem szczególnym, bo choć uważa, że go zdradziła, nie może pominąć swojej miłości do niej: dlatego zarówno ją karze, jak i wspiera. Hrabia Monte Christo stosuje więc *lex talionis* i czyni ze swojej dokładnej zemsty jedyny cel: sprawi, że ci, którzy zniszczyli jego życie, będą cierpieć, zadając im cierpienia podobne do tych, które on sam musiał znosić, zanim doprowadzi do ich śmierci.

Jednak jego manichejska wizja bliźnich miała swoje pułapki: Monte Christo w końcu uświadamia sobie, że taka sprawiedliwość jest równie ograniczona, gdyż nie posiada boskiej wszechmocy i wszechwiedzy. Elementy nieuchronnie wymykają się spod jego kontroli i uniemożliwiają mu satysfakcję. Hrabia uświadamia to sobie, gdy zostaje skonfrontowany ze śmiercią młodego Édouarda. Dlatego nie kontynuuje do końca swoich fatalnych planów i ostatecznie oszczędza barona Danglarsa. Monte Christo przyjmuje wówczas, że jego szczęście nie wymaga zemsty, ale raczej miłości, którą ponownie czuje do Haydee. Poprzez drogę tej udręczonej postaci Dumas chciał pokazać, że niemożliwe jest, aby człowiek sam przeprowadził sprawiedliwość i że musi zrezygnować z powierzenia jej istocie wyższej.

SATYRA FRANCUSKICH WYŻSZYCH SFER

Powieść Dumasa oferuje ognistą satyrę na społeczeństwo swoich czasów. Rzeczywiście, autor przedstawia wszystkie wady właściwe dla tego świata. Po pierwsze, uderzające jest to, że trzy główne siły państwa (pieniądze, siła zbrojna i sprawiedliwość) są uosabiane przez wrogów Monte Cristo. Wszyscy oni użyli tchórzliwych sztuczek, aby osiągnąć władzę i wszyscy zostali za to nagrodzeni: Dumas sugeruje, że ich przeszłe występki zostają zapomniane, gdy tylko osiągną ważną rangę. Tymi trzema postaciami rządzą wyłącznie ich indywidualne interesy, wykazują się przerażającym oportunizmem i cynizmem: Villefort nie waha się przyłączyć do rojalistów, aby zrobić karierę; Lucien Debray, kochanek pani Danglars, otwarcie wykorzystuje żonę bankiera do zaspokojenia swoich pieniężnych potrzeb. Czytelnik odkrywa świat, w którym króluje pieniądz. Fałszywy książę Cavalcanti, którego uosabia Benedetto, staje się więc pożądanym zalotnikiem, a hrabia Monte Christo, dopóki jest bogaty, dostaje się do każdego kręgu towarzyskiego i nikt nie zadaje mu pytań o jego tajemniczą przeszłość. W konsekwencji autor pokazuje, że wszystkie ludzkie wartości zostają obalone przez żądzę pieniądza.

Alexandre Dumas przedstawia również postaci, których cnoty są szczere, co pozwala mu jeszcze bardziej zaakcentować brzydotę i hipokryzję społeczeństwa. Rzeczywiście, w tym paryskim świecie jest kilka ujmujących postaci, które toną w przywarach otaczających ich ludzi. I tak Valentine de Villefort i Eugénie Danglars, dwie kobiety o niezależnych umysłach i bezinteresownych charakterach, zostają poświęcone w imię ambicji swoich ojców i zmuszone do wygnania. Ponadto Albert de Morcerf wykazuje się godnością i lojalnością w niesprzyjających okolicznościach. Wszystkie te ofiary są, symbolicznie, uosabiane przez potomstwo oprawców Dantèsa, co daje drobinę nadziei w cynicznym świecie odmalowanym przez autora. Powieść kończy się pozytywnym morałem: społeczeństwo społeczne i jego aktorzy zostają ukarani, natomiast bezinteresowność i miłość zostają nagrodzone, choć aby otrzymać tę nagrodę, trzeba opuścić Paryż. Dumas pokazuje więc, że francuskie wyższe sfery przekazują skażone wartości i że konieczne jest usunięcie się z nich.

DALSZA REFLEKSJA

KILKA PYTAŃ DO PRZEMYŚLENIA...

- Jak Dumas omawia temat samobójstwa?

- W jaki sposób fabuła Edmonda Dantèsa jest przeciwieństwem tego, czego można się spodziewać po bohaterze Bildungsroman?

- Jak autor porównuje życie w więzieniu do śmierci?

- Wyjaśnij, w jaki sposób wybory różnych tożsamości Monte Christo ujawniają różne aspekty jego osobowości.

- W jaki sposób abp Faria jest kluczowy dla rozwoju historii, pomimo jego pozornego braku znaczenia?

- Ostatnie słowa Dantèsa do Maximiliena brzmią: "Czekaj i miej nadzieję!". Retrospektywnie, jak to motto odnosi się do całej powieści?

- Jak *Hrabia Monte Christo* może być związany z powieścią gotycką?

DALSZE CZYTANIE

WYDANIE REFERENCYJNE

Dumas, A. (2010) *Le Comte de Monte-Cristo*. Paris: Gallimard.

ADAPTACJE

Powieść Alexandre'a Dumasa od 1918 roku zainspirowała wiele adaptacji. Na uwagę zasługują następujące adaptacje, które pozostają wierne powieści:

Le Comte de Monte-Cristo. (1943) [Film]. Robert Vernay. Reż. Francja: Regina Productions.

Pierwsza wersja filmu została zrealizowana przez Roberta Vernaya w 1943 roku podczas okupacji.

Hrabia Monte Christo (The Count of Monte Cristo) (2002) [Film]. Kevin Reynolds. Reż. UK: Touchstone Pictures.

Dzieło to zostało również zaadaptowane we Francji na udany serial telewizyjny:

Le Comte de Monte Cristo. (1998) [serial telewizyjny]. Josée Dayan. Reż. Francja: TF1.

Chcemy usłyszeć od Ciebie, co się dzieje!
Zostaw komentarz na temat swojej internetowej biblioteki
i podziel się swoimi ulubionymi książkami w mediach społecznościowych!

Dlaczego warto wybrać Must Read?

Dowiedz się wszystkiego, co musisz wiedzieć o książce dzięki naszym zwięzłym i dogłębnym streszczeniom i analizom!

Odkryj to, co najlepsze w literaturze w zupełnie nowym świetle!

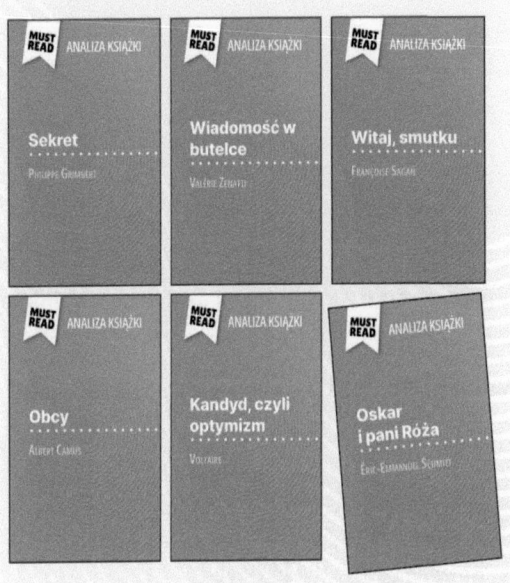

www.50minutes.com

Wydawca zapewnia o wiarygodności publikowanych informacji, co jednak nie może wiązać się z jego odpowiedzialnością.

www.50minutes.com

Master ISBN: 9782808693486
Papierowy ISBN: 9782808614887
Depozyt prawny: D/2023/12603/1768

Verhaal: © Primento

Projekt cyfrowy: Primento, cyfrowy partner wydawców.